BIBLIOTECA ERA

JOSÉ EMILIO PACHECO

# *Los trabajos del mar*

POEMAS / 1979-1983

JOSÉ EMILIO PACHECO

# *Los trabajos del mar*

POEMAS / 1979-1983

EDICIONES ERA

Primera edición: 1983
Primera reimpresión: 1984
Segunda edición (nueva versión): 1999
ISBN: 968.411.456.7

Calle del Trabajo 31, 14269 México, D. F.
Impreso y hecho en México
*Printed and made in Mexico*

A la memoria de
Alaíde Foppa, Raúl Gustavo
Aguirre y Miguel Guardia

Aquí terminan los trabajos del mar,
los trabajos del amor.
Aquellos que vivirán un día aquí donde acabamos,
si la oscura sangre se alza e inunda su memoria,
que no se olviden de nosotros,
almas sin fuerza entre los asfódelos.
*Que vuelvan hacia el Erebo la cara de las víctimas.*
Nosotros no tenemos nada que enseñarles
sino la paz.

Giorgos Seferis: *Mythistorema (XXIV)*

# I

# *Aguas territoriales*

■

De pronto el corrosivo mar quedó escrito
en la íntima oreja del caracol y siguió resonando.

Julián Hernández: *El cuaderno negro*

## El pulpo

Oscuro dios de las profundidades,
helecho, hongo, jacinto,
entre rocas que nadie ha visto,
allí en el abismo,
donde al amanecer, contra la lumbre del sol,
baja la noche al fondo del mar y el pulpo le sorbe
con las ventosas de sus tentáculos tinta sombría.

Qué belleza nocturna su esplendor si navega
en lo más penumbrosamente salobre del agua madre,
para él cristalina y dulce.
Pero en la playa que infestó la basura plástica
esa joya carnal del viscoso vértigo
parece un monstruo. Y están matando
/a garrotazos/ al indefenso encallado.

Alguien lanzó un arpón y el pulpo respira muerte
por la segunda asfixia que constituye su herida.
De sus labios no mana sangre: brota la noche
y enluta el mar y desvanece la tierra,
muy lentamente mientras el pulpo se muere.

**Veracruz, 1955**

De lejos llega la marejada gris en el aire.
Viento en la sal del mar,
cuerpo a cuerpo, oscura batalla,
mientras el sol ha muerto de ausencia.

Innumerable látigo las olas:
cada una vive
de la muerte de la otra.
Toma su fuerza
para diseminarla.
No hay destrucción
como este sismo de agua.
Débil la piedra
ante su fuerza ciega.
Llueve la arena
y en la casa el viento
entra por todas partes,
levanta en vilo
cuanto le arrebatamos.
Pide lo suyo.
A las pocas horas
todo es del viento o se transforma en viento.
La costa vuela en el diluvio de olas.
Vibra la muerte.
No hay quietud ni polvo.

Sólo ceniza el mar.
Mortaja. Envuelve
la masa terrenal.
El huracán destruye
para que siga siendo mundo este mundo,

la tierra dé su fruto más tarde,
y el mar se resigne a ser,
una vez más, el poderoso vencido.

## Inmortalidad del cangrejo

*–¿En qué piensas?*
*–En nada: en la inmortalidad del cangrejo.*
Anónimo: *Los mexicanos pintados por sí mismos*

Y de inmortalidades sólo creo
en la tuya, cangrejo amigo.
Te aplastan, te echan en agua hirviendo,
inundan tu casa.
Pero la represión y la tortura
de nada sirven, de nada.

No tú, cangrejo ínfimo,
caparazón mortal de tu individuo, ser transitorio,
carne fugaz que en nuestros dientes se quiebra;
no tú sino tu especie eterna: los otros:
el cangrejo inmortal
toma la playa.

## El puerto

El mar bullente en el calor de la noche,
el mar que lleva adentro su cólera,
el mar sepulcro de las letrinas del puerto,
nunca mereció ser este charco que huele a ciénega,
a hierros oxidados, a petróleo y a mierda,
lejos del mar abierto, el golfo, el océano.

No hay olas en este mar encadenado, esta asfixia
cada vez más oscura en la noche que se ahoga
  pudriéndose.
No espejo sino el reverso de azogue, la cara sombría.

Ya progresamos hacia el fin del mundo.

## Peña en el mar

Cómo sufre esta roca atada siempre
a su noria de espuma.
El mar, el mar
inconsolable que la está batiendo
desde que la inventó con su materia.

Cuánto acarreo de furia y para qué
tanta inmovilidad como lo opuesto de aquella
fluidez de la fijeza.
*No pasarán,*
dice la tierra a la avidez de las olas.

## Volver al mar

Sombra
de los acantilados en el mar
o mancha ondulante
de pez, de ave o de piedra.
Nada se mueve bajo el sol si el mar
es la inmovilidad del movimiento.
Y desde que empezó a ser mar
y perdió su planeta
está insistiendo con las mismas olas
en su plegaria plañidera
que de repente se transforma en la furia,
el tormento de la tormenta.

Este pedazo del inmenso mar
para mí es todo el mar
o como si lo fuera,
porque siempre regreso a verlo.
Y cuando pienso en mar
dentro de mí se forma esta imagen.
Quiero decir:
lo llevo tan dentro
que su rumor es como el caudal de la sangre.
Y desde mi subjetividad deleznable,
el mar se habrá cambiado en desierto
cuando ya no esté aquí para mirarlo y amarlo;
cuando mi ceniza
arda por un instante en la espuma rota
y de nuevo sea
átomo de la nada o de la vida invencible
en la totalidad del océano unánime.

## Informe de Jonás

Intenté huir de Dios que me ordenaba
predicar contra Nínive.
Me embarqué rumbo a Tarsis.
Se desató la tempestad.
Fui arrojado
para aquietar las olas.

*Me rodearon las aguas hasta el alma.*
*Las algas se enredaron en mi cabeza.*
*La tierra echó sobre mí sus cerrojos.*
Y me tragó *el gran pez* finalmente.

En el temible vientre de la ballena encontré
procesos digestivos, violencia pura, cardúmenes,
una teoría del estado moderno, una imagen
del desamparo humano, un retorno
al paraíso prenatal irrigado
por el fluir de la corriente sanguínea.

Y en mi habitada soledad tuve tiempo
para reflexionar en la esperanza: algún día
¿nuestra vida ya no será, como la llamó Hobbes,
tan sólo *breve, brutal y siniestra?*

## Costas que no son mías

*A José Durand en Berkeley, 1981-1983*

1
De la isla conozco el olor, la forma
y la textura de la arena.
Sé que no pertenezco a ella
pero la siento mía por derecho de amor.
La isla es del mar.
No voy a disputarla.
Dejo en el agua el más humilde homenaje.

2
En la noche de azogue ola rima con luna.
Nadie puede encender el sol ni frenar el océano,
el misterioso oleaje que no tiene
misericordia de nosotros.

3
Lo que dice la arena al mar tal vez sea:
–No te serenes nunca. Tu belleza
es tu absoluto desconsuelo.
Si encontraras sosiego perderías
tu condición de mar.
Si te calmas
dejará de fluir el tiempo.

4
Los días sin niebla, de repente, a lo lejos
por la ventana del cuarto humilde el estrecho,
la Puerta de Oro y su puente.
Chartres de hierro, catedral de los mares.
*Cuánto poder y levedad* en este puente,

en este triunfo contra el mar enemigo
que arde allí abajo, murmurante, esperando
el terremoto, el regreso
de California hasta el rumor de las aguas.

5

Así como en el jardín
que está ocho pisos más abajo, en silencio,
todos los animales se combaten,
bajo el mar de la noche hay guerra.
Y este cielo sin nubes allá arriba
parece tan sereno y es violencia
–como las calles, como los países–:
astros mueren, planetas se derrumban,
de una explosión total
nacen galaxias.

## Muelle de Nueva Orleans

*Para Carlos Cortínez*

Éste es el río envolvente, éste es el Padre
de las Aguas y él las sepulta.
En su rueda giran sin pausa
el barro del principio y los desechos letales
que acabarán con el mundo.
Pero tal vez no porque el Misisipi
ha estado siempre y seguirá para siempre.

Al verlo transcurrir con ese aplomo
majestuoso y ensimismado y también muy triste
parecería
que él engendró al planeta y aún es el magma
en donde bullen interminadas formas de vida.

Cuando pasa en silencio deja escuchar
algo como un lamento por el exilio del agua.

Un río jamás emplea la palabra reposo.
El Misisipi no se limita a ilustrar
con su fluir el paso de nuestras horas.
El Misisipi socava
la tierra firme. Y un día
terminará con todo lo que no es agua
y acabará por imponer su ley de arena a los mares.

# II
# *Prosa de la calavera*

■

Voz que decía: Da voces. Y respondí: ¿Qué tengo que decir a voces?
Que toda carne es hierba y toda su gloria como flor del campo.

Isaías, 40:6.
Versión de Casiodoro de Reina y Cipriano de Valera

*A Miguel Cervantes*

Como Ulises me llamo nadie. Como el demonio de los Evangelios mi nombre es Legión.

Soy tú porque eres yo. O serás porque fui.

Tú y yo, nosotros dos, vosotros, los otros, los innumerables ustedes que se resuelven en mí.

Mi imagen omnipresente en Tenochtitlan, recordaba a todos y a toda hora la conciencia del fin, el fin de cada azteca y del mundo azteca.

Después me volví lugar común para simbolizar la sabiduría. Lo más sabio suele ser lo más obvio. Y como nadie quiere verlo de frente, nunca estará de sobra repetirlo:

No somos ciudadanos de este mundo sino pasajeros en tránsito por la tierra prodigiosa e intolerable.

Si la carne es hierba y nace para ser cortada, soy a tu cuerpo lo que el árbol a la pradera. Ni invulnerable ni perdurable, resisto un poco más y eso es todo.

Cuando tú y los nacidos en el hueco del tiempo que te fue dado en préstamo terminen de representar su papel en el drama, la farsa, la comedia y la tragedia, permaneceré por algunos años desencarnada.

Serena máscara, secreto rostro que te niegas a ver –aunque lo sabes íntimo y tuyo y siempre va contigo–, yo soy tu cara auténtica, la que más te aproxima a tus semejantes.

En fugaces células que a cada instante mueren por millones tengo adentro cuanto eres: tu pensamiento, tu memoria, tus palabras, tus ambiciones, tus deseos, tus miedos, tus miradas que a golpes de luz erigen la apariencia del mundo, tu entendimiento de lo que llamamos realidad.

Lo que te eleva por encima de tus hermanos martirizados, los animales, y lo que te sitúa por debajo de ellos: la señal de Caín, el odio a tu propia especie, tu capacidad bicéfala de hacer y destruir, hormiga y carcoma.

En vez de temerme o ridiculizarme por obra de tu miedo deberías darme las gracias. Sin mí, qué cárcel sería la vida en la tierra. Qué tormento si nada cambiara ni envejeciera y durante siglos de desesperación sin salida la misma gente diera vueltas a la misma noria.

Gracias a mí todo es valioso porque todo es irrepetible y efímero.

Único es cada instante y cada rostro que florece un segundo en su camino hacia mí.

Porque voy con ustedes a todas partes. Siempre con ella, con él, contigo, esperando sin impaciencia ni protesta.

Los ejércitos de mis huesos han forjado la historia. De la pulverización de mis añicos está amasada la tierra. Reino en el pudridero y en el osario, en el campo de batalla y en los nichos en donde por breve tiempo se venera a las víctimas de lo que ustedes llaman la gloria.

Y no es sino la maligna voluntad de negarme, el afán estúpido de creer que hay escape y por medio de actos y obras alguien puede vencerme.

Actos y obras cargan también su sentencia de muerte, su calavera invisible: último precio de haber sido.

Contigo, hermana mía, hermano mío, me formé de tu sustancia en el vientre materno. Volverás a la oscura tierra. Yo, que en cierta forma soy tu hija, heredaré la nada de tu nombre. Seré tus restos, tus despojos, tus residuos, tus sobras: testimonio de que por haber vivido estás muerto.

Así, quién lo diría, yo, máscara de la muerte, soy la más profunda entre tus señales de vida, huella final, última ofrenda de basura al planeta que ya no cabe en sí mismo de tantos muertos.

Estaré aquí poco tiempo, de cualquier modo muy superior al que te concedieron.

A menos que me aniquiles junto con tu carroña, aceleres por medios técnicos o por lo imprevisible el proceso que conduce a nuestra última patria: la ceniza de que los dos estamos hechos.

Si desapareciera contigo me privarías de la última voluptuosidad: sentirme por encima de los gusanos que devoran a los devoradores del mundo y apenas me rozan con sus viscosidades. (Me siento afín a ellos porque también soy innombrable.)

Pero mientras la carne me disfraza y las células ocultas me electrifican soy (si bien nada más para ti: cada uno / cada una) el ombligo del mundo, el centro del universo.

Toda belleza y toda inteligencia descansan en mí. Sin embargo me repudias, me ves como señal del miedo a los muertos que se resisten a estar muertos y del terror a la muerte llana y simple: tu muerte.

Porque sólo puedo salir a flote con tu naufragio. Sólo cuando has tocado fondo aparezco, aunque a cierta edad ya me anuncio en los surcos que me dibujan, en las canas que anuncian mi amarilla blancura.

Yo, tu verdadera cara, tu rostro final, tu apariencia última que te hace nadie y te vuelve Legión, hoy te ofrezco un espejo y te digo:

Contémplate.

# III
# *Geometría del espacio*

■

La vida, más feroz que toda muerte.

Jorge Guillén: *Clamor*

## El silencio

La silenciosa noche. Aquí en el bosque
no se escuchan rumores.
Los gusanos trabajan.
Los pájaros de presa hacen lo suyo.
Pero yo no oigo nada.
Sólo el silencio que da miedo. Tan raro,
tan escaso se ha vuelto en este mundo
que ya nadie se acuerda de cómo suena,
nadie quiere
estar consigo mismo un instante.
Mañana
dejaremos de nuevo la verdadera vida para mañana.
No asco de ser ni pesadumbre de estar vivo:
extrañeza
de hallarse aquí y ahora en esta hora tan muda.
Silencio en este bosque, en esta casa
a la mitad del bosque.
¿Se habrá acabado el mundo?

**La granada**

¿En qué sueña la carne
de la granada
allá adentro
de su corteza efímera?
Quién sabe.
Desde aquí sólo puede especularse
que piensa:
"Gozo de mi esplendor.
No durarán
esta apretada simetría.
esta húmeda
perfección que me constituye
y me hace granada.
No una fruta ni un árbol
o una brizna de hierba.
Tampoco piedra, plomo o alondra.
Seré putrefacción
o bien, devorada,
me haré sin duda carne de tu carne.
En ambos casos
(¿es necesario repetirlo?)
regresaré a la tierra en forma de polvo
y desde ese polvo
(tú no)
reconstruiré mi perfección de granada."

## Perduración de la camelia

*Alba de añil...*
Efraín Huerta

Bajo el añil del alba flota en su luz
la camelia recién abierta.
No tiene aroma, es sólo resplandor.
Parece hecha solamente de espuma.
Nube que se posó en la rama un instante
para mirar el cielo desde aquí abajo,
a los tres días de su nacimiento
se desmorona en pétalos sombríos,
polvo que se hace tierra y de nuevo vida.

## Claro del bosque

*In memoriam Kenneth Rexroth*

A este claro del bosque acuden año tras año los ciervos
para el apareamiento.
Nadie jamás ha visto la ceremonia sagrada.
Si alguien la perturbara
no habría ciervos.

Aquí conocen el amor los ciervos.
Aquí se reconocen los ciervos.
Y luego se dispersan.
No vuelven nunca
a este claro del bosque.

Porque su más allá recibe el nombre de muerte
y para ellos significa flechas, jaurías,
rifles de alta potencia.

**El fantasma**

Entre sedas ariscas deslizándose
–todo misterio, todo erizada suavidad acariciante–
el insondable, el desdeñoso fantasma,
tigre sin jaula porque no hay prisión capaz de atajar
esta soberanía, esta soberana soberbia,
el gato adoptivo,
el gato exlumpen sin pedigrí (con prehistoria),
deja su harén y con elegancia suprema
se echa en la cama en donde yaces desnuda.

**Jabalí: cerdo salvaje**

Dardo del jabalí: lo lleva clavado
en el testuz furibundo
mientras se interna sin ninguna esperanza
en el bosque de su agonía.
Los otros dardos
se estremecen desoladoramente sin alas.
Gran frustración no poder clavarlos
con arco o rifle
en los cerdos salvajes que lo han matado.

## **Perra en la tierra**

La manada de perros sigue a la perra
por las calles inhabitables de México.
Perros muy sucios,
cojitrancos y tuertos, malheridos
y cubiertos de llagas supurantes.
Condenados a muerte
y por lo pronto al hambre y la errancia.
Algunos cargan
signos de antigua pertenecencia a unos amos
que los perdieron o los expulsaron.
Y mientras alguien se decide a matarlos
siguen los perros a la perra.
La huelen todos, se consultan, se excitan
con su aroma de perra.
Le dan menudos y lascivos mordiscos.
La montan
uno por uno en ordenada sucesión.
No hay orgía
sino una ceremonia sagrada, aunque sea
en estas condiciones más que hostiles:
los que se ríen,
los que apedrean a los fornicantes,
celosos
del placer que electriza las vulneradas pelambres
y de la llama seminal encendida
en la orgásmica entraña de la perra.

La perra-diosa,
la hembra eterna que lleva
en su ajetreado lomo las galaxias, el peso
del universo que se expande sin tregua.

Por un segundo ella es el centro de todo.
Es la materia que no cesa. Es el templo
de este placer sin posesión ni mañana
que durará mientras subsista este punto,
esta molécula de esplendor y miseria,
átomo errante que llamamos la tierra.

## A Circe, de uno de sus cerdos

*Circe abrió las puertas de la pocilga y sacó a mis compañeros en figura de puercos de nueve años.*
Odisea, Rapsodia décima

De entre todas las bestias
que en mi cuerpo lucharon contra mi alma
acabó por triunfar el cerdo.

Circe, amor mío, cuánta paz y felicidad sabernos
nada más cerdos. No ambicionar
la aprobación de nadie,
no suplicarle a nadie: entiéndeme,
tienes que comprenderme, soy falible, perdóname.

No hay embrujo tan grande como el placer
de revolcarnos en el lodo:
tú la hechicera, yo el cerdo.

Qué triste dicha ser uno más de tus cerdos.
Somos tu piara, la zahúrda es tu templo.

Disfruta, Circe, la pasión de tus cerdos.
Paga en amor la humillación de tus cerdos.

## Pornoágrafo (una sátira)

> *Ágrafo*: Que no puede o no sabe escribir.
> Rodolfo Oroz: *Diccionario de la lengua castellana*

Cuánta imaginación la del erótico zozobrante
que cuenta por millones y siempre cuenta
las hazañas que nunca tuvo.
Tan sexual, transexual en algunos delirios,
el omnidevorante de antimateria.
O de materia misma: la de los sueños
jamás humedecidos por la verdad.
Todo novela pornoágrafa.
Todo en la mente
pero hasta convencerse de que fueron verdad
sus populosas orgías y sus fornicaciones
con todo lo que camina, vuela, se arrastra
o nada (la nada). Tristeza
de la imaginación entre las cuatro paredes.
Porque van como nubes
las que sólo tocó su fantasía.
Su triste cuerpo
fue la alcoba nupcial y nadie
escribirá la dicha y el tormento
del amor más terrible
que es el amor propio.

## Torre de naipes

Piso la tierra que no es firme
sino más bien caliza y se desmorona.
Torre de naipes, fugaz castillo de arena,
los días que nos tocaron movedizos.
No existen puentes.
Hay que enfangarse para cruzar el pantano.
La niebla no permite ver el camino.
Todos los que ignoran
van inventando en sus adentros un tigre.
Y entre el desgarramiento y la asfixia
se arrastran hacia su playa de luz
únicamente para arder en su lumbre.

## La noche nuestra interminable

Mis paginitas, ángel de la guardia, fe
de las niñeces antiquísimas,
no pueden, nada logran, son inútiles
contra el horror creciente de este mundo.
Y en dónde yace la esperanza, de dónde
va a levantarse el día que sepulte
la noche nuestra interminable y doliente.

## *Cristo con la cruz* por El Bosco

Con los ojos
cerrados y serenos,
la barba de tres días
y sobre todo
la corona de espinas,
Cristo soporta el peso
de su martirio.
Y dice a las mujeres que lloran:
Llorad por vosotras mismas
y vuestros hijos.

No hay más sangre
que una herida en el cuello,
fruto del roce
con la cruz pesadísima
que un soldado encaja
en los hombros del Galileo.
Van al Lugar de la Calavera.
En hebreo se llama Gólgota.

Cristo es el centro del cuadro,
quizá no su motivo más importante.
Porque tal vez El Bosco no se propuso
(¿cómo saber sus intenciones?)
pintar otro retablo de la Pasión
sino darnos la imagen
del Mal según aflora en el rostro humano.

El tema del rostro
es el eje de este siniestro cuadro hermosísimo.
Verónica retira el paño corriente

en que sudor y sangre imprimieron
para siempre el Divino Rostro.

Pero devora la obra
la multitud de caras terribles.
Barrabás forma la O de un aullido.
Un vómito de furia se derrama
por la boca de un monstruo ya desdentado.
La ira calcina a otro bufón malévolo
y sus labios dibujan estas palabras:
"Si eres el Rey
de los Judíos, ¿será posible
que no te salves a ti mismo?
¿A quién pretendes salvar
si no te libras del tormento y la injuria?"

De improviso rompe las épocas
la presencia de un dominico.
Aliado
a un dignatario adusto,
cara de pato,
amonesta al Ladrón ya muerto.
*(Nadie como Hyeronimus van Aeken llamado Bosch*
*logró pintar ese color plomizo*
*que a cierta altura de la corrupción*
*se apodera de los cadáveres.)*

Y a la orilla del cuadro los que dan voces:
Crucifícalo, crucifícalo.
*(No son*
*los habitantes de Judea.*
*El Bosco retrata*
*la danza de la muerte de la Edad Media*
*y los demonios más que humanos de Flandes.)*
El goce brutal
de quienes piden más y más sangre.

El canalla estremecido de dicha
ante el presente y el futuro martirio.

Y los dos que se asombran.
Nunca sabremos
de qué se asombran.
Pero sabemos en cambio
que sin saber de nosotros
el implacable Bosco nos pintó en este cuadro.

Sólo tenemos que reconocernos.

## Mozart: *Quinteto para clarinete y cuerdas en “la” mayor, K. 581*

La música llena de tiempo brota y ocupa el tiempo.
Toma su forma de aire, vence al vacío
con su materialidad invisible. Crece
entre el instrumento y el don
de *tocar* realmente su cuerpo de agua,
fluidez que huye del tacto, manantial hecho azogue,
porque inmovilizada sería silencio la música.

La corriente de Mozart tiene
la plenitud del mar y como él justifica el mundo.
Contra el naufragio y contra el caos que somos
se abre paso en ondas concéntricas
el placer de la perfección, el goce absoluto
de la belleza incomparable
que no requiere idiomas ni espacio.
Su delicada fuerza habla de todo a todos.
Entra en el mundo y lo hace luz resonante.
En Mozart y por Mozart habla la música:
nuestra única manera de escuchar
el caudal y el rumor del tiempo.

## La “*y*”

En los muros ruinosos de la capilla
florece el musgo pero no tanto
como las inscripciones: la selva
de iniciales talladas a navaja en la piedra
que, unida al tiempo, las devora y confunde.

Letras borrosas, torpes, contrahechas.
A veces desahogos, insultos.
Pero invariablemente,
las misteriosas iniciales unidas
por la “*y*” griega:
manos que acercan,
piernas que se entrelazan, la conjunción
copulativa, huella en el muro
de cópulas que fueron, o no se realizaron.
Cómo saberlo.

Porque la “*y*” del encuentro también simboliza
los caminos que se bifurcan: *E. G.*
encontró a *F. D.* Y se amaron.
¿Fueron “felices para siempre”?
Claro que no, tampoco importa demasiado.

Insisto: se amaron,
una semana, un año o medio siglo.
Y al fin
la vida los separó o los desunió la muerte
(una de dos sin otra alternativa).

Dure una noche o siete lustros, ningún amor
termina felizmente (se sabe).
Pero aun la separación
no prevalecerá contra lo que juntos tuvieron.

Aunque *M. A.* haya perdido a *T. H.*
y *P.* se quede sin *N.*,
hubo el amor y ardió un instante y dejó
su humilde huella, aquí entre el musgo
en este libro de piedra.

# IV
# *Malpaís*

Cuando, de pronto, a medianoche oigas
pasar una invisible compañía
con exquisitas músicas y voces,
no lamentes en vano tu fortuna
que cede al fin, tus obras fracasadas,
los ilusorios planes de tu vida.
Como dispuesto de hace tiempo, como valiente, dile
adiós a Alejandría que así pierdes.

Cavafis: "El dios abandona a Antonio"
(Versión de Elena Vidal y José Ángel Valente)

## Malpaís

*Malpaís*: Terreno árido, desértico e ingrato; sin agua
ni vegetación; por lo común cubierto de lava.
F. J. Santamaría: *Diccionario de mejicanismos*

Ayer el aire se limpió de pronto
y aparecieron las montañas.
Siglos sin verlas. Demasiado tiempo
sin algo más que la conciencia de que están allí
circundándonos.
Caravana de nieve el Iztaccíhuatl.
Crisol de lava en la caverna del sueño,
nuestro Popocatépetl.

Ésta fue la ciudad de las montañas.
Desde cualquier esquina se veían las montañas.
Tan visibles se hallaban que era muy raro
fijarse en ellas.
Sólo nos dimos cuenta de que existían las montañas
cuando el polvo del lago muerto,
los desechos fabriles, la ponzoña
de incesantes millones de vehículos
y la mierda arrojada a la intemperie
por muchos más millones de excluidos,
bajaron el telón irrespirable
y ya no hubo montañas. Pocas veces
se deja contemplar –azul, inmenso– el Ajusco.
Aún reina sobre el valle pero lo están acabando
entre fraccionamientos, taladores y, lo que es
peor, incendiarios.
Lo creímos invulnerable. Despreciamos
nuestros poderes destructivos.

Cuando no quede un árbol,

Cuando no quede un árbol,
cuando ya todo sea asfalto y asfixia
o malpaís, terreno pedregoso sin vida,
ésta será de nuevo la capital de la muerte.

En ese instante renacerán los volcanes.
Vendrá de lo alto el gran cortejo de lava.
El aire inerte se cubrirá de ceniza.
El mar de fuego lavará la ignominia.
se hará llama la tierra y lumbre el polvo.
Entre la roca brotará una planta.
Cuando florezca volverá la vida
a lo que convertimos en desierto de muerte.

Soles de lava, astros de ira, indiferentes deidades,
allí estarán los invencibles volcanes.

## Strada dell'Abbondanza

A fuerza de explotar a los esclavos
y robarse dinero público,
hubo auge en los negocios. Así los ricos
se volvieron más ricos, mientras los pobres
redoblaban su hambre y su miseria. La ciudad
desbordó sus antiguos límites, perdió sus rasgos
originales, fue reconstruida
según los lineamientos del imperio. También el habla
se corrompió con los hablantes. Y el lujo
entró como la hiedra en muchas partes.
Combatieron el tedio con la droga.
Nos legaron imágenes de sus actos sexuales,
como extraño presentimiento
de su fragilidad. Y entre robos
y asesinatos dondequiera, el terror
extendió su dominio. Miedo en la alcoba
y pánico en la calle. Furia y pena.
Sobre todo odio
proliferante. Porque el bien camina
pero el mal corre (y no se sacia nunca).
Todo esto sucedió en Pompeya, la víspera
del estallido del Vesubio.

## Recuerdos entomológicos

En marzo aparecieron las hormigas.
No unas cuantas –voraces y puntuales,
parte del mundo como siempre– sino
millones y millones en columnas vibrantes
por todas las bodegas de este país.
Arrastraron
al fondo de los ciegos pasadizos
hasta un grano de sal o cualquier cosa mínima
que antes hubieran rechazado.

No es pensamiento mágico: se trata
de un sentido que aún no descubrimos.
Como otros animales se anticipan
a terremotos y desbordamientos,
en vísperas de crisis y escaseces
se multiplican las hormigas, cargan
con cuanto pueda preservar su especie.

Desprécialas si quieres, o extermínalas:
No las acabarás.
Han demostrado ser sin duda alguna
mucho más previsoras que nosotros.

## Crónica Mexicayotl

En otro giro de la procesión
o de la tribu errante que somos,
henos aquí sin nada como al principio.
Sapos y lagartijas nuestro alimento,
sal nuestra vida, polvo nuestra casa.
Añicos y agujeros en la red
nuestra herencia de ruinas.
Por fin tenemos
que hacerlo todo a partir
de esta nada que por fin somos.

## Los monstruos

Para donde te muevas los ojos te seguirán
por esa galería que acumula retratos
de quienes construyeron el sufrimiento.
Cada país suele mostrar temeroso
una pinacoteca de sanguinarios ladrones.
El servilismo del pintor no alcanzó a maquillar
rostros en los que el miedo y la ambición
se mezclan al orgullo que rodará por tierra
y a la certeza
de que Saint-Just no se equivocó
y en efecto el arte de gobernar
no ha producido sino monstruos.

## Paseo de la Reforma

Este fresno tan bien plantado
que ni el rayo ni la tormenta pudieron
estremecer,
que ni el hacha
osó injuriar con su afilado silbido;
este monumento
a la belleza del mundo;
este pródigo
que nos dejó respirar y alabó
los ojos con su estampa
y fue luz
pero también dio sombra y duró
más que nuestras edades y todo.
Éste que parecía eterno
o estable al menos
ha muerto asfixiado
y masacrado con otros mil
por el gas venenoso que echan
los autobuses
en la innoble y letal colonia
penitenciaria
que hasta hace poco llamamos
Ciudad de México.

## Ecuación de primer grado con una incógnita

En el último río de la ciudad, por error
o incongruencia fantasmagórica, vi
de repente un pez casi muerto. Boqueaba
envenenado por el agua inmunda, letal
como el aire nuestro. Qué frenesí
el de sus labios redondos,
el cero móvil de su boca.
Tal vez la nada
o la palabra inexpresable,
la última voz
de la naturaleza en el valle.
Para él no había salvación
sino escoger entre dos formas de asfixia.
Y no me deja en paz la doble agonía,
el suplicio del agua y su habitante.
Su mirada doliente en mí,
su voluntad de ser escuchado,
su irrevocable sentencia.
Nunca sabré lo que intentaba decirme
el pez sin voz que sólo hablaba el idioma
omnipotente de nuestra madre la muerte.

# V
# *Ocasiones y circunstancias*

¡Ay de ti que saqueas y nunca fuiste saqueado; que haces deslealtad aunque nadie contra ti la hizo! Cuando acabes de saquear serás saqueado y cuando acabes de hacer deslealtad se hará contra ti.

Isaías, 33:1

## ¿Qué tierra es ésta?

*Homenaje a Juan Rulfo con sus palabras*

Hemos venido caminando
desde el amanecer.

Ladran los perros.

Grietas, arroyos secos.
Ni una sombra de árbol,
ni una semilla de árbol
ni una raíz de nada.

Los cerros apagados y como muertos.

Aquí así son las cosas.
Por eso a nadie
le da por platicar.

Aquí no llueve.
A la gota caída
por equivocación
se la come la tierra
y la desaparece en su sed.

¿Quién haría este llano tan grande?
¿Para qué sirve este llano tan grande?

No hay conejos,
no hay pájaros,
no hay nada.

Tanta y tamaña tierra para nada.

Unos cuantos huizaches,
una que otra manchita de zacate
con hojas enroscadas.

Nos dieron esta costra de tepetate
para que la sembráramos.

Pero no hay agua.
Ni siquiera para hacer buches
tenemos agua.

Tierra como cantera que rechaza el arado.
Un blanco terregal endurecido
en que nada se mueve.

Ésta es la tierra que nos dieron,
sombra recalentada por el sol.

No es tiempo de hojas.
Tiempo seco y roñoso de espinas.
Polvo seco
como tamo de maíz que sube muy alto.

Seguimos buscando por todas partes
entre el rastrojo.
Muchas lamentaciones revueltas
con esperanzas.

Caminamos en medio de la noche
con los ojos aturdidos de sueño
y la idea ida.

El viento lleva y trae
la tierra seca.

En la hora desteñida,
cuando todo parece chamuscado,

no aparecen las aguas.
Nuestra milpa
comienza a marchitarse.

Llueve muy poco.
Le crecieron espinas
a nuestra tierra.

Somos como terrones endurecidos.
Somos la viva imagen del desconsuelo.

¿Qué tierra es ésta?
¿En dónde estamos?

Todos se van de aquí.
Nomás se quedan
los puros viejos,
las mujeres solas.

Aquí vivimos.
Aquí dejamos nuestras vidas.
Un lugar moribundo.

Ya no se escucha
sino el silencio de las soledades.
Y eso acaba con uno.

Aquí no hay agua.
Aquí no hay más que piedras.
Aquí los muertos
pesan más que los vivos.
Lo aplastan a uno.

Allá lejos los cerros
están en sombras.

Tiempo de la canícula

cuando el aire de agosto
sopla caliente.

Digan si oyen alguna señal de algo
o si ven luz en alguna parte.
Si hay olor de paz y de alfalfa
como olor de miel derramada.
Digan si ven la tierra que merecemos.

Digan si hay aire y nubes.
Si hay esperanza.
Si contra nuestras penas
hay esperanza.

Digan si es necesario lavar las cosas,
ponerlo todo nuevo de nueva cuenta,
como campo recién llovido.

Digan si oyen alguna señal de algo
o si ven luz en alguna parte.

Digan si ven la tierra que merecemos.

Digan si contra nuestras penas
hay esperanza.

**Para Efraín Huerta**

¿En qué lugar del valle que no elegimos, la isla de asfixia
rodeada de miseria por todas partes, habrán quedado
tus pasos, tus palabras, tu última sombra?
Así pues, terminó el danzón.
Vámonos con la música a otra parte.
Tú no estás muerto.
En esta inmensa zona de desastre que es México
nosotros somos los cadáveres.

## A Jorge Guillén en sus 90 años

Sombrío el vasallaje de los topos
a la raíz que se hunde y ancla la tierra
para que no se derrame
sobre el vacío en su girar incesante.

Por la raíz la sombra asciende al árbol,
se vuelve hoja de luz en la rama.
Guillén toma lo más oscuro
y su alquimia ilumina el mundo
y nos enseña a mirarlo.

## El centenario de Gustave Flaubert (1821-1880)

*Un artículo en verso*

La granja de Croisset en que el normando enorme
vociferaba
ante una consonancia, una cacofonía, una palabra
repetida,
no existe, fue sepultada
en la aridez industrial del nuevo paisaje.

Pero sus libros siguen inquietándonos.
Convirtió en arte
un género pensado para la diversión: la novela.
La hizo otra forma de poesía.
De allí el cuidado
puesto en cada palabra. No hay sinónimos:
existe nada más el término exacto,
una palabra para cada cosa. Debe ceñirse,
como la piel al cuerpo, a lo que nombra.

Muchos juzgan exceso este rigor:
nada queda en traducción de frases como las suyas.
Pero todo escritor debe honrar
el idioma que le fue dado en préstamo, no permitir
su corrupción ni su parálisis, ya que con él
se pudriría también el pensamiento.
Su obligación primera consiste
en escribir prosa o verso de la mejor manera posible.

El gran estilo de Flaubert no es un vitral ni un adorno,
se halla siempre al servicio de lo que narra.
Gracias a él
las desventuras de Emma Bovary
y de Félicité, la sirvienta,

se grabaron a fuego en nuestra memoria,
como *L'Éducation sentimentale* de Fréderic Moreau
y con ella la vida entera de Francia
bajo el segundo imperio.
*La educación sentimental* es complemento de
*El 18 Brumario de Luis Bonaparte.*
Con permiso de Sartre, aquí no importan
los gritos de Flaubert contra la Comuna,
porque él enseña todo acerca de su clase (la nuestra).

Y los amores desdichados, su ansia de gloria
(de éxito no),
frustrada por el censor y el crítico y la guerra;
su rabia ante la estupidez propia y ajena,
ante la enfermedad y la vejez,
no fueron a la postre sino utensilios
de su gran obra que sigue ardiendo a fuego lento.

Hay seis o siete libros de Flaubert: mil quinientos
sobre Flaubert. Y a pesar de todo
lo único que cuenta (decía Revueltas)
no son estatuas ni homenajes:
es sólo aquel
diálogo silencioso que un lector
establece con cada libro, *su* libro.
Y hay conexión o no circula corriente.
¿Por qué? Nadie lo sabe. Pero ante esto
lo demás es polvo y estruendo.

Por otra parte
nunca sabremos de verdad quién fue Flaubert,
lo que intentó decir (ni él lo sabía).
Porque Flaubert, como todo autor, dice nada más
lo que cada hombre y cada mujer que lo lea
sabe escuchar entre el rumor de sus páginas.

## Carta a George B. Moore en defensa del anonimato

No sé por qué escribimos, querido George.
Y a veces me pregunto por qué más tarde
publicamos lo escrito. Es decir, lanzamos
una botella al mar, harto y repleto
de basura y botellas con mensajes.
Nunca sabremos
a quién ni adónde la llevarán las mareas.
Lo más probable
es que sucumba en la tempestad y el abismo.

Sin embargo, no es tan inútil esta mueca de náufrago.
Porque un domingo
usted me llama de Estes Park, Colorado,
me dice que ha leído cuanto está en la botella
(a través de los mares: nuestras dos lenguas)
y quiere hacerme una entrevista.
Después recibo un telegrama inmenso
(lo que se habrá gastado usted al enviarlo).
En vez de responderle o dejarlo en silencio
se me ocurrieron estos versos. No es un poema,
no aspira al privilegio de la poesía
(no es voluntaria).
Y voy a usar, como lo hacían los antiguos,
el verso de instrumento de todo aquello
(relato, carta, drama, historia, manual agrícola)
que hoy decimos en prosa.

Para empezar a *no* responderle,
no tengo nada que añadir a lo que está en mis poemas,
dejo a otros el comentario, no me preocupa
(si alguno tengo) mi lugar en la historia.
(Tarde o temprano a todos nos espera el naufragio.)

*Escribo y eso es todo*. Escribo: doy la mitad del poema.
Poesía no es signos negros en la página blanca.
Llamo poesía a ese lugar del encuentro
con la experiencia ajena. El lector, la lectora
harán o no el poema que tan sólo he esbozado.

No leemos a otros: *nos leemos* en ellos.
Me parece un milagro
que algún desconocido pueda verse en mi espejo.
Si hay un mérito en esto –dijo Pessoa–
corresponde a los versos, no al autor de los versos.
Si de casualidad es un gran poeta
dejará cuatro o cinco poemas válidos,
rodeados de fracasos y borradores.
Sus opiniones personales
son de verdad muy poco interesantes.

Extraño mundo el nuestro: cada día
le interesan cada vez más los poetas;
la poesía cada vez menos.
El poeta dejó de ser la voz de la tribu,
aquel que habla por quienes no hablan.
Se ha vuelto nada más otro *entertainer.*
Sus borracheras, sus fornicaciones, su historia clínica,
sus alianzas o pleitos con los demás payasos del circo,
tienen asegurado el amplio público
a quien ya no hace falta leer poemas.

Sigo pensando
que es otra cosa la poesía:
una forma de amor que sólo existe en silencio,
en un pacto secreto entre dos personas,
de dos desconocidos casi siempre.
Acaso leyó usted que Juan Ramón Jiménez
pensó hace mucho tiempo en editar una revista.
Iba a llamarse "Anonimato".

Publicaría no firmas sino poemas;
se haría con poemas, no con poetas.
Y yo quisiera como el maestro español
que la poesía fuese anónima ya que es colectiva
(a eso tienden mis versos y mis versiones).
Posiblemente usted me dará la razón.
Usted que me ha leído y no me conoce.
No nos veremos nunca pero somos amigos.
Si le gustaron mis versos
qué más da que sean míos / de otros / de nadie.
En realidad los poemas que leyó son de usted:
Usted, su autor, que los inventa al leerlos.

# EPÍLOGO
## *Imitación de Juvenal*
## *(El fin de la Edad de Plástico)*

■

## SÁTIRA I

¿Cómo podría describir la inmensidad de la ira
al ver que cruza la calle
un ladrón insolente y humilla al pueblo
el séquito de bandidos que le abre paso?
No le importa la infamia pues su dinero
está lejos y a salvo.
La probidad es alabada, pero los probos
no tienen dónde reclinar la cabeza.
Grandes mansiones y asombrosos jardines
son producto del crimen. Nunca había sido
tan afrentosa la corrupción como ahora.
Jamás la avidez
abrió las fauces como en estos años.
La única majestad es la riqueza.
El funesto dinero habita en su templo.
¿Es nada más locura gastar en fiestas
y negarle comida al pobre?
¿Derrochar en banquetes de nueve platos
cuando el pueblo se muere de hambre?

## SÁTIRA II

Me dan ganas de huir al océano helado
cuando escucho hablar de moral a los que viven
en prevaricaciones incesantes.
No lanzo cargos
desde ninguna altura pues yo también
soy parte y soy producto de la cloaca.
Aquí la justicia
absuelve al cuervo y se ensaña con la paloma.
¿Cómo llegó esta sarna a los descendientes
de los ministros que manejaron millones
y murieron en la miseria?

## SÁTIRA III

Cualquier aldea sombría
es mejor que la ciudad inhabitable.
Aquí se agosta el espacio
para todo trabajo honrado.
Y los ricos son menos ricos
de lo que van a ser mañana
cuando los pobres
sean todavía más pobres.
Todo paga tributo. El único bosque
está formado por la multitud de mendigos.

Ésta no es la ciudad de todos sino el coto de caza
de los que medran con el dinero ajeno y las obras
públicas.
Qué talento para adular despliegan
nuestros farsantes.
¿Quedará otro camino cuando
se han vuelto inalcanzables hasta la más pobre vivienda
y el más humilde alimento?

Todo en esta ciudad tiene su precio.
Si andas a pie
no encontrarás lugar en la calle.
Aquí tan sólo
el poderoso llega a tiempo. Sus guardias
se exceden con nosotros, turba vejable.
Cuídate de salir por la noche:
si no te asalta el ladrón
te atracarán los polizontes.
Lo mismo da
que intentes decir algo o soportes
en silencio las vejaciones.
No hay instrumentos de trabajo
pues todo el hierro se emplea
en forjarnos nuestras cadenas.

## SÁTIRA IV

Arrímate a la mesa del poderoso
si consideras el mayor bien vivir
del pan ajeno. Te dará las sobras
y un día te pasará la cuenta sin falta.
Quizá diga: "Lo empleo de consejero".
Pues bien: si te necesita
es a modo de cómplice, a guisa de bufón
o para lamer sus zapatos.

## SÁTIRA V

Si crees ser libre y hablar a nombre del pueblo
será mejor desengañarte ahora mismo.
No te sientas un héroe con tus versitos.
El desdén tolerante que los recibe
prueba tu pequeñez. Y sobre todas las cosas
aquí no hay arte, ciencia ni estudio

que no dependa del César. ¿Mejor será
no juzgar repugnante ni deshonroso
convertirse en sus pregoneros porque no existe
más posibilidad de comer hoy día que el César?

No tendríamos la Eneida sin la casa de campo
y los esclavos de Virgilio. ¿Cómo pretendes
que escriba bien el pobre Rubrenus Lapa
si ya no puede
comprar al menos una tablilla de cera?
¿Qué cosecha recoges de tu trabajo,
del aceite quemado en lámparas noche tras noche
y de los miles de papiros en vano?
Con todo su saber y su gran estilo
¿ganó Horacio en su vida entera
lo que obtiene en media hora Caco Nepote?

¿Cuál es el precio de tu voz? Lo que dan de propina
en el burdel a la que carga las toallas.
En Roma eres un pobre diablo
si no tienes a tu servicio ocho escribas
y en el peor caso una docena de guardias.
¿Qué harás?
¿Esperar sin comer el improbable buen tiempo
o revolcarte en el lodo abyecto, en tu propia mierda?
Tal vez los hados darán el reino a los esclavos
y a los cautivos el triunfo.
Pero aun así la libertad
es más rara que un cuervo blanco.

## SÁTIRA VI

Si tienes el poder no despojes
a los pueblos valientes y desdichados.
Puedes robarles
todo el oro y la plata que se antoje
pero les dejarás a cambio la espada.

## SÁTIRA VII

No hay motivo de asombro en que un noble sea mimo
cuando el príncipe es citarista.

## SÁTIRA VIII

Te equivocas si crees
que existen los secretos en este mundo.
Si callas al esclavo hablará la puerta
y si tapias la puerta gritará el mármol.
Aunque ocultes
en lo más hondo de la tierra una cámara,
el mundo se enterará de tus fechorías
(y si no sabe de algo lo inventa).
De todas las razones
para vivir ésta es la más importante:
Vive de tal manera que puedas despreciar el rumor,
lo que digan las malas lenguas.

## SÁTIRA IX

Dime lo que ambicionas y te diré
de lo que vas a arrepentirte. Si anhelas
que tu riqueza te convierta en ballena
y humillar al delfín con tu gran tamaño,

no lograrás
sino que el miedo de perderla ponga sitio a tu casa.
Quien nada tiene nada teme perder
y por eso es más libre
que el prisionero en su desierto palacio.
Cómo reiría Demócrito si viera
a nuestros poderosos en carruajes dorados
con túnicas de Júpiter que les tejieron los pobres.

Hay hombres que creen ser su poder, imán de la envidia,
y su rastra de infames títulos.
Pero tenlo presente:
el poder es la estatua que derriban con cuerdas,
los carros destrozados a hachazos,
los inocentes caballos muertos.
¿No escuchaste jamás
cómo rugen las llamas y se funde en la hoguera
la cabeza que ayer adoró el pueblo?
Con metales de estatuas se fabrican sartenes,
jarros, platos, cubetas, bacinicas.
Seyano ignoró lo que debía ambicionar
y al pedir honores excesivos, demasiada riqueza,
levantó la torre más alta y desde esa altura
la caída fue más profunda y espantoso el derrumbe
de las ruinas estremecidas.

No hay nadie que del poder salga ileso.
La patria fue arruinada por unos cuantos,
su ambición sin medida, la alabanza del epitafio
en la urna de su ceniza.
Pero basta la higuera estéril
para hendir el altivo mármol.
Toda grandeza cabe en el límite estrecho
de un ataúd. Sólo la muerte revela
cuán triste cosa es nuestro cuerpecillo.

## SÁTIRA X

Devorados por la paz, queremos
ser devorados por la guerra.
El orador se ahoga en sus discursos.
Los gladiadores mueren
por su eficacia en dar la muerte.
Aún más asfixiante es la riqueza
de quienes acumulan fortuna tras fortuna.

Lo que robó Nerón lo poseerá Pacuvio.
Su oro
tal vez iguale a las montañas.
Pero no amará a nadie
ni será amado por ninguno.

## SÁTIRA XI

¿Hasta cuándo dejaremos de producir ladrones, perfidia,
 fraudes
y búsqueda del lucro mediante el crimen?
Hay gobernantes y empresarios honrados
pero son tan escasos como las puertas de Tebas
y las bocas del Nilo.
La venganza es una enfermedad.
Deja que el malhechor escape al castigo:
Llevará siempre su tribunal muy adentro.
¿Y de qué sirven
las riquezas multiplicadas por la violencia y el fraude?
Puedes comprar mil casas, cien mil hectáreas:
No escaparás ni al dolor ni a la muerte.

## SÁTIRA XII

La mejor parte de nuestro ser son las lágrimas.
No hay ningún mal que pueda sernos ajeno.

# Índice

IV. MALPAÍS



V. OCASIONES Y CIRCUNSTANCIAS



EPÍLOGO: IMITACIÓN DE JUVENAL
(El fin de la Edad de Plástico)

Fotocomposición:
Alba Rojo
Impresión:
Encuadernación Técnica Editorial, S. A.
Calz. San Lorenzo 279, 45-48, 09880 México, D.F.
2-IX-1999
Edición de 1000 ejemplares